ISBN 978-0-282-18382-0
PIBN 10585321

1 MONTH OF
FREE
READING

at

www.ForgottenBooks.com

By purchasing this book you are
eligible for one month membership to
ForgottenBooks.com, giving you
unlimited access to our entire
collection of over 700,000 titles via
our web site and mobile apps.

To claim your free month visit:

www.forgottenbooks.com/free585321

quod nemo. Aber auch die übrigen Stellen zwingen uns nicht zu der Annahme, daß D AB eingesehen hat. Ich werde sie kurz anführen.

Wenn II. 15 ABD c^{u} (cum), C𝛥EV omni haben, so muß man annehmen, daß einerseits in X, andererseits in Y dasselbe Compendium für omni stand; durch einen Zufall lösten sowohl der Schreiber von X, als auch der von D es fälschlich in cum auf, während die übrigen die richtige Auflösung fanden. Daß diese Annahme richtig ist, wird durch XIII. 15 bestätigt, wo sämtliche Handschriften dasselbe Compendium durch cum statt omni auflösten. Wenn ABD XXVII. 2., XXXI. 1., hec (haec) für hoc haben, so ist das ein Verfahren, das auch anderen Handschriften widerfährt, so XXII. 6. haec D𝛥. XXXII. 16 bringen ABD nec, während C𝛥EV non schreiben; auch hier kann der Zufall gewaltet haben; non stand in O, X schrieb flüchtig nec; non wurde von Y richtig geschrieben, D schrieb mit gewohnter Flüchtigkeit nec. Ähnlich liegt die Sache XXVII. 11. wo ABD et ausgelassen haben. D läßt bekanntlich häufig einzelne Wörter aus, aber auch A und B machen sich zuweilen desselben Fehlers schuldig; so fehlt in A XIX. 24. vi, das vielleicht schon von X übergangen war, B läßt XV. 10. in, XVII. 22. et aus. Wenn aber alle drei Handschriften für s einmal r schreiben XXVI. 25. incurato für incusato, so wird man hieraus sicher nicht auf eine genauere Verbindung schließen können. Ebenso ist es mit XXVIII. 15 wo in ABD erit für erat in C𝛥EV. steht. — Die ursprünglichen Lesarten haben ABD in folgenden Stellen erhalten: XII. 10 et malis. (et ex malis). XXV. 4. constat. (constaret). XVII. 18. fateretur (fatebatur). XXXI. 16. et (ad. misericordia geht vorher). XXXI. 21. pastulabit (postulaverit). XXXII. 20. ut quae (utque). XXXIII. 17. quid (quod). XXXIX. 5. tabularia. (tabularie CEV. fabularie 𝛥. auditorie vorher EV𝛥). XXXIX. 8. ipsam. (ipsa). XLI. 13. obscuriorque (obscurior. gloria folgt). Spuren der ursprünglichen Lesart finden wir in X. 41. expressis ABD. om. E. expressit C𝛥 expressit pro V. Die Spuren des Participiums, das hier gefordert wird — vielleicht expertis — finden wir noch in ABD. expressis stand wahrscheinlich schon in O. XXI 17. regule ABD illae CEV𝛥; auf reiculae, das hier Ribbeck empfiehlt, führen die Spuren in ABD. XLI. 2. ABD. horum C𝛥EV. forum stand vielleicht schon in O. fori nostri möchte ich schreiben. — XI. 3 parant (perant D) quid enim me ABD. parant enim quid me CEV. desperant. n.

quid me 𝛥 läßt sich dadurch erklären, daß ursprünglich parant quid me geschrieben war. Da hier außerdem D perant bietet, so wäre es doch auffallend, daß D, wenn es A oder B eingesehen hat, perant schrieb; daß vielmehr perant schon in Y stand, darauf weist desperant in 𝛥 hin. — XXVII. 7. nam et vos offendi decebit ABD. nam nec vos offendi decebit C𝛥EV. Auch hier stehen ABD der ursprünglichen Lesart näher, als welche et mea vos offendi dedecebit anzunehmen ist. Die größte Schwierigkeit macht XIX. 11., wo ABD laudabat, C𝛥EV laudi dabatur schreiben; denn es läßt sich nicht leugnen, daß aus laudi dabatur leichter laudabat entstehen konnte als umgekehrt; wenn also laudabat nicht nur in X, sondern auch in Y, damit also auch wahrscheinlich schon in O stand, so mußten C𝛥EV oder deren Vater oder Väter laudabat in laudi dabatur geändert haben; das scheint auf den ersten Blick unglaublich, aber als möglich wird es erscheinen, wenn auch an andere Stellen die Handschriften einzeln oder gemeinsam solcher Änderungen überführt werden.

Nur einmal stimmt D mit A allein überein gegen alle übrigen Handschriften: XVI. 32. haben AD videtur, während C*Δ*EVB vester bringen. Vielleicht stand videtur schon in X und Y; auffallend ist es jedenfalls, daß B hinter fingitis videturque schreibt.

Wenn ferner I. 21. BD anteferrent für anteferret und XXXVIII. 9. quanta für quanto bringen, so läßt sich aus diesen kleinen Übereinstimmungen, die sehr leicht durch von einander unabhängige Flüchtigkeit der Schreiber entstehen konnten, nicht auf eine Benutzung von B durch D schließen. Wenn endlich XII. 20. vide[a]ntur B videantur D videntur C*Δ*EVA und XXIII. 25. planitas B plenitas D planitas C*Δ*EVA D B eingesehen haben soll, so ist es doch wunderbar, daß D XXI. 20. vor der Korrektur, XXIII. 25. nach der Korrektur verglichen haben soll.

Die Übereinstimmung von D mit AB läßt sich also folgendermaßen erklären: 1) ABD bringen die ursprüngliche Lesart, die übrigen haben geändert. 2) Einzelne Gleichheiten sind darauf zurückzuführen, daß ABD über der Linie geschriebene Wörter an eine und dieselbe Stelle setzten, während die übrigen Handschriften eine andere wählten. 3) Zufällig waren die Schreiber an derselben Stelle in derselben Weise flüchtig, wenn man nicht annehmen muß, daß die Flüchtigkeit sich schon in Y fand, wie sie in X gefunden wurde, also vielleicht auch schon in O stand.

Daher muß man über D folgendes Urteil fällen: D ist aus Y direkt, allerdings sehr flüchtig und nachlässig abgeschrieben, hat aber A und B nicht eingesehen.

Unter den Handschriften der Familie Y nehmen E und V eine besondere Stellung ein. Schon auf S. 8 und 9 ist eine Anzahl Stellen aufgezählt, an denen EV gemeinsam mit AB von den übrigen Handschriften der Familie Y abweichen. Hinzufügen muß ich noch: XXI. 18. redolent EVAB. reddent C*Δ*. redent D. XXIII. 14. consequuntur EVAB. consequentur C*Δ*. consequenter D. XXXV. 3. ante Ciceronis tempora extitisse EVAB. ante Ciceronis tempore extitisse *Δ*. ante Cicero tempore extitisse C. ante Cice. extitisse tempore D.

Wenn schon hieraus vermutet werden kann, daß EV. auf eine gemeinsame Quelle, die sich von der der übrigen unterscheidet, zurückgehen, so wird diese Vermutung dadurch bestätigt, daß EV an den Stellen, wo die Urhandschriften eine doppelte Lesart boten, (s. S. 5), meistens dieselbe Lesart bringen, die an fünf Stellen von sämtlichen übrigen Handschriften der Familie abweicht (II. 18. IX. 16., XII. 5., XII. 16., XXXIX. 11.), einmal mit *Δ* allein übereinstimmen (XXIX. 7.) zweimal mit D*Δ* (XV. 13., XLI. 4.), einmal mit BD. (XXXVIII. 4.), mit C*Δ* einmal (XXX. 5.) und endlich einmal mit allen gegen A, das die doppelte Lesart bringt (XL. 27). Nur an vier Stellen bringen sie hier verschiedene Lesarten. XVI. 19., XX. 12., XX. 19., XXVII. 1.

Zur Gewißheit aber wird die Vermutung dadurch, daß EV. an vielen Stellen von sämtlichen oder doch den meisten Handschriften gemeinsam abweichen.

Gegen alle Handschriften bringen sie eine schlechtere Lesart:

II. 10. semotae omm. EV. semotae c. o.

II. 10. acciperem EV. exciperem c. o.

III. 22. aggregarem EV. aggregares c. o.

VII. 16. est. omm. EV. est. c. o.

Avé-Lallemant, Theodor
    Über das Verhältnis und den
Wert der Handschriften zu
Tacitus Dialogus de oratoribus

Programm

des

Königlichen Bismarck-Gymnasiums

zu

Pyritz.

Ostern 1895.

Inhalt:

1. Über das Verhältnis und den Wert der Handschriften zu Tacitus Dialogus vom Oberlehrer Theodor Avé-Lallemant.
2. Schulnachrichten vom Direktor Dr Wehrmann.

Pyritz, 1895.
Druck der Backe'schen Buchdruckerei.

1895. Progr.-No. 142.

Über die Handschriften zu Tacitus dialogus de oratoribus.

Über den Wert und das gegenseitige Verhältnis der Handschriften, in denen uns Tacitus dialogus de oratoribus überliefert ist, sind die Ansichten der Beurteiler und Herausgeber, seitdem Michaelis in seiner Ausgabe des dialogus (Leipzig 1868) sein Urtheil gefällt hat, so weit von dessen Beurteilung abgewichen, daß jetzt vielfach gerade das Gegenteil von dem, was Michaelis behauptet hat, als richtig und erwiesen angenommen wird. Es verlohnt sich deshalb wohl, noch einmal die verschiedenen Meinungen zu prüfen und zu versuchen, den Wert und das gegenseitige Verhältnis der Handschriften klarzustellen.

I.

Über die 6 Handschriften Vaticanus 1862 (A) und Leidensis 18 (B) auf der einen Seite, Vaticanus 1518 (D), Farnesianus (C), Ottobonianus 1455 (E), Vaticanus 4498 (Δ) lautet Michaelis Urteil folgendermaßen: A und B gehen auf eine Abschrift der Handschrift Enochs von Ascoli zurück (X); doch nur A ist direct aus X abgeschrieben, B stammt aus dem liber Pontani, hat zahlreiche Verbesserungen, die jedoch nicht alle als Konjekturen des Pontanus anzusehen sind, ist von zweiter Hand verbessert und bietet geringere Zuverlässigkeit als A.

Auf eine zweite Abschrift aus Enoch von Ascoli gehen C D Δ E zurück, welche die Familie Y bilden. Nur D, das allerdings sehr nachlässig geschrieben ist, ist direkt aus Y geflossen, einer verlorenen Abschrift x als gemeinschaftlicher Quelle entstammen C und Δ, auch E geht auf x zurück, doch durch Vermittelung von C, dessen Schreiber zugleich auch A und B eingesehen hat. Der Stammbaum ist also folgender:

Apographum Henochii.

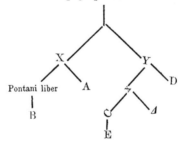

Dem Urteile Michaelis schließt sich Steuding (Wurzen, Progr. 1878) im ganzen an, doch weicht er in der Beurteilung des Verhältnisses von C und E von Michaelis ab. E ist nicht aus C abgeschrieben, sondern direkt aus x geflossen, aus welcher Quelle auch Δ stammt.

Der Schreiber von x hat an dem ihm vorliegenden Text nicht willkürlich geändert; daher darf man annehmen, daß das für x Ermittelte auch in Y stand. Die Glaubwürdigkeit von E ist weit geringer als die der beiden andern Handschriften dieser Familie. Die Menge der Übereinstimmungen mit A und B beweist, daß auch diese bei der Abfassung von E benutzt sind. Jedoch hat der Schreiber alle drei Handschriften nicht zu gleicher Zeit eingesehen, sondern es ist x selbst, als bereits C und Δ (Steuding schreibt D, offenbar ein Druckfehler) daraus abgeschrieben waren, nach jenen beiden durchkorrigiert worden, oder aber es ist dies mit einer Abschrift desselben geschehen, die dann erst wieder bei der Abfassung von E zu Grunde gelegt wurde. Über D ist Stending einer Ansicht mit Michaelis.

Ganz anders aber urteilt Baehrens in seiner Ausgabe des dialogus (Leipzig, 1881). Von den beiden Handschriften der Familie N (X bei Michaelis) ist A die bessere, da sie sehr selten interpoliert und mit größter Sorgfalt geschrieben ist; viel häufiger hat schon der erste Abschreiber von B korrigiert; alles, was B eigentümlich ist, ist den Italienern, Pontanus u. a. zuzuschreiben, wie er gegen Michaelis behauptet. Über die Handschriften der Familie M (Y bei Michaelis) weicht Baehrens noch viel weiter in seinem Urteile von Michaelis ab. D stammt nicht direkt von Y ab, sondern als Zwischenstufe ist eine Handschrift anzunehmen, die vielfach aus N verbessert ist. Mit D hat C gemeinsamen Ursprung; C leidet jedoch an ihm eigentümlichen Fehlern, ist aber viel weniger von N beeinflußt als D. Denn als C abgeschrieben wurde, war die gemeinsame Handschrift x noch frei von den Änderungen, die eine Vergleichung mit A in sie hineinbrachte, ehe D abgeschrieben wurde. Der Schreiber von E hat N eingesehen, wahrscheinlich A, hat eigene Konjekturen und neue Korruptelen gebracht. Die beste Handschrift von M ist Δ; denn sie ist niemals aus N korrigiert, niemals durch das Trachten nach Verbesserungen geändert. Baehrens giebt folgenden Stammbaum der Familie M:

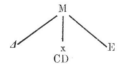

Daher wird die Lesung von M wiederhergestellt aus ΔCE oder Δ, wo D aus N korrigiert ist, seltener D und E zugleich; oder aus ΔDE oder ΔD, wo C an ihm eigentümlichen Korruptelen leidet; endlich, wo ΔE gegen CD die echte Lesart bewahrt haben. Was den Wert von M und N betrifft, so stellt Baehrens M über N; denn N ist entstellt durch leichte Korrekturen und durch große Nachlässigkeit des Abschreibers, während M freilich nicht ganz frei von Verderbnis ist, aber viel weniger Irrtümer enthält und fast niemals interpoliert ist.

Auf Michaelis Seite steht O. Binde (de Taciti dialogo quaestiones criticae, Glogau 1884). A ist zuverlässiger als B. C ist mit Δ eng verwandt; die Δ eigentümlichen Lesarten, die mit dem

Verbefferer von B und der Ausgabe des Puteolanus übereinstimmen, gehen vom Schreiber selbst aus. D hat manche Irrtümer, doch auch einzelne absichtliche Verbefferungen. E enthält manche Emendationen, die Anerkennung verdienen. Gemeinsam ist C𝘼DE, daß da, wo ein Verbum mit einer Präposition zusammengesetzt ist, zuweilen die eine oder die andere Handschrift sie ausläßt. C und 𝘼 hängen mit AB außer in Lesarten, die weiter zurückgehen, nicht zusammen, D und E stehen AB näher; mit A stimmen sie in der ursprünglichen Lesart überein; wenn sie mit B übereinstimmen, so hat man eine Vergleichung der Exemplare anzunehmen; E hat ferner Verbefferungen aus B selber geholt. Die X-Klasse hat größere Zuverläffigkeit als die Klaffe Y.

Scheuer (de Tacitii de oratoribus dialogi codicum nexu et fide, Breslau 1891) stimmt in seinem Urteile über A und B mit seinen Vorgängern überein; zu den Handschriften der Familie Y fügt er den Vindobonensis 711 (V) hinzu. Nach seinem Urteil ist E nicht aus C abgeschrieben, diefer Annahme widerspricht eine Anzahl von Stellen, an denen C von den übrigen Handschriften der Familie abweicht, während E mit ihnen übereinstimmt. Ebenso wenig hat der Schreiber von E eine Handschrift der Y-Klaffe eingesehen. E ist gemeinsamen Ursprungs mit V, verschiedenen von C𝘼. Wir haben von Y zwei verschiedene verlorene Handschriften als Zwischenglieder anzunehmen, y¹ und y²; aus y¹ sind CE, aus y² C𝘼 und D abgeschrieben. An den Stellen, wo EV und C𝘼 D übereinstimmen, haben wir die ursprüngliche Lesart von Y; wo y¹, von y² abweichend, mit AB übereinstimmt, giebt es wieder die Lesart von Y, C𝘼 D haben aus Absicht oder Nachläffigkeit des Schreibers geändert; an den wenigen Stellen, wo C𝘼 D die richtige Lesart bringen, ist sie durch den Schreiber von y² wiederhergestellt. Der Schreiber von D hat die X-Klaffe eingesehen. y¹ ist, nach= dem V abgeschrieben war, von der Hand eines Gelehrten korrigiert; diefe korrigierte Handschrift y¹ liegt E zu Grunde; E ist dann von Pontanus oder von Pontanus und dem Schreiber des Leidensis eingesehen. Zum Schluffe legt er der Familie Y größere Glaubwürdigkeit bei als X. Sein Stamm= baum für Y würde also folgender sein:

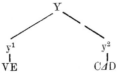

Peterson (Cornelii Taciti dialogus de oratoribus. Oxford 1893.) billigt in ganzem Scheuers Ansicht, doch fügt er zu den Handschriften noch den Harleianus (Brit. Mus. Harley. 2639 K) hinzu, dem er große Wichtigkeit für die Geschichte des Textes beilegt; denn von ihm kann angenommen werden, daß er nicht aus dem Codex des Henoch von Ascoli, sondern von deffen Urhandschrift, dem Fuldensis stammt.

Der Schreiber von Y hatte beffere Kenntnis des Lateinischen, als der von X und war auch geschickter in der Auflösung der Kompendien, an denen das Archetypon Überfluß hatte. Ueberdies war er nicht damit zufrieden, feinem Original nach dem Buchstaben zu folgen, besonders da, wo er meinte, er könnte es verbessern. Daher zeigen die Handschriften der Y-Klaffe Spuren von einem Emendationsverfahren, das aller Wahrscheinlichkeit nach mit dem Schreiber von Y selbst begann. Das

Ergebnis ist, daß die Lesart, welche in dem Original gestanden haben muß, häufiger in den Hand=
schriften der Familie Y als in A B gefunden wird. Aber dies schließt nicht notwendig ein, daß Y
ein treuerer Zeuge des Archetypon als X ist. Im Gegenteil, die gewissenhafte Genauigkeit, mit der
der wenig gelehrte Abschreiber von X, wie er besonders von A repräsentiert wird, den Linien seines
Originals folgte, ist eine Gewähr für die Thatsache, daß da, wo die beiden Familien von einander
abweichen, die Divergenz erst auf Veränderung oder Emendation auf Seiten der Glieder der Familie Y
zurückzuführen ist.

Wo A und B eine deutliche und charakteristische Lesart geben, da ist es gewiß, daß sie das,
was sie vor sich fanden, wiedergaben; auf der andern Seite verdankt man ähnliche Lesarten in Y
oft der Emendation des betreffenden Schreibers.

Gudemann (P. Cornelii Taciti dialogus de oratoribus. Boston 1894) stimmt mit
Scheuer über das gegenseitige Verhältnis der Handschriften und über den Wert der beiden Familien
überein, nur spricht er Δ und V jede Wichtigkeit für die Textkritik ab. Seine Ansicht veranschaulicht
folgender Stammbaum:

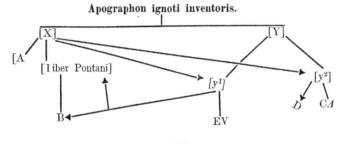

Apographon ignoti inventoris.

II.

Bei der Behandlung der einzelnen Handschriften läßt es sich nicht vermeiden, Bekanntes zu
wiederholen, wenn anders die Sache vollständig behandelt sein soll.

Zuerst werde ich über die beiden Handschriften der X=Klasse A und B kurz sprechen.

Abgesehen von orthographischen Kleinigkeiten (1. 9. adsequi A assequi c. o.) 17. volgus A.
vulgus c. o. noticia A. notitia c. o. u. s. w.) weicht A von der den übrigen Handschriften
gemeinsamen Lesart in folgenden Fällen ab:

      18. 6. Calvius A. Calvus c. o.

          29. venias A. veniam c. o.

      19. 24. vi om. A. vi c. o.

      20. 23. exficaces A. efficaces c. o.

      21. 1. fateor A. fatebor c. o.

          31. temporibus bis A. temporibus c. o.

26. 26. certo A.   certe c. o.
12. 12. forda A.   foeda c. o.
31. 17. mutuabimus A.   mutuabimur c. o.
36. 9. nomen hic A.   nomen hinc c. o.

Offenbar hat B hier die Lesart von X besser bewahrt, doch wird man kaum annehmen könneu, daß A hier absichtlich geändert hat, sondern Flüchtigkeit des Schreibers hat die Änderung verursacht. Anders liegt die Sache bei 23. 2., wo die Lesart istud konsequenter ist als illud bei B,
während wir 30. 10. incipias ein Glossem haben, das schon in X stand.
s. causam

Wie treu A seinem Original folgt, kann man daraus sehen, daß A Varianten oder Glosseme, die in X am Rande oder über der Linie standen, wiedergiebt, während die übrigen Handschriften meistens eklektisch verfahren. So an folgenden Stellen:

l' ad   ad
2. 18. inniti A.   inuiti B.   inniti CDΔ.
adniti. E. V.

c
9. 16. extudit A.   excudit B. C. D. Δ.
c
extudit V.   ex[t]udit E.

l' secedit.
12. 5. sedit A. sedit E. V. secedit B. C. D. Δ.

l' in ore   more
12. 16. more.. A.   mor. B.   in ore C.
in ore D. more ... E. V. in ore ...Δ.

l' in   in
15. 13. conquiro A.   conquiro B. (conquiro.
D. Δ. E. V.

l' mne
16. 19. Nestor. A.   Menestor. C.   Mnestor.
V. Δ.   Nestor B. D. E.

l' sce
20. 12. cena. A.   scena. E.   scenam B. (DΔ.
caena. V.)

e
20. 19. exercitur A. V.   exercetur B. D. E.
exigetur. CΔ.

l' aparte
27. 1. apparate AC. apparate B. aparte DΔ.
aparte E.   appareat V.

l' nec
29. 7. improbitati A.   nec probitati B.   nec
[im] probitati E.   nec im probitati D.
improbitati ΔEV.

l' vocant
30. 5. vocatis.   A. B.   vocant. CΔ E V.
vocatis D.

s.horas
38. 4. paucissimas A.   paucissimas horas.
CΔ.   paucissimas B.DEV.

l' quam s. causam   quam
39. 11. quando incipias A.   quando incipias B.
quam quando (DΔ. in C v. 2. Hand
s. cam
quam) quam E.   quā V.

l' bene   bone
40. 27. bone A.   bene BCDΔEV (bene in
B. v. 2. H.)

l' quis en.
41. 4. quidem   quod nemo A.
quid enim   quod nemo B.
quis enim   quidem   quod nemo D.
quis enim. DΔEV.

Anders liegt die Sache bei B. An einer Anzahl von Stellen stimmt B mit A überein, wo die übrigen Handschriften dieselbe abweichende Lesart haben. Hier ist B also X gefolgt.

5. 15. necessitates AB. necessitudines c. o. | 9. 5. deinceps. AB.   deinde. c. o.
6. 18. quandocunque AB. quemcunque c. o. | 10. 17. elegiorum. AB.   elegorum c. o.

12. 9. et AB. in c. o.
12. 15. ullus AB. ullis c. o.
12. 9. ista AB. illa. c. o.
12. 16. istos. AB. illos. c. o.
12. 19. istud. AB. illud. c. o.
13. 2. istud. AB. iliud. c. o.
13. 20. ista. AB. illa. c. o.
13. 20. istos AB. illos c. o.
14. 19. hercle AB. hercule. c. o.
16. 5. istud AB. illud. c. o.
16. 19. ac. Nestor AB. et Nestor. c. o.
17. 12. tres et viginti AB. viginti c. o.
18. 8. istud. AB. illud. c. o.
18. 26. quidem autem. AB. autem c. o.
19. 24. aut AB. et c. o.
20. 4. ista AB. illa c. o.
20. 6. dicentes AB. dicentem c. o.
20. 14. nec solum. AB. non solum. c. o.
21. 9. hercle AB. hercule c. 'o.
21. 29. qui AB. quia c. o.
21. 29. is tos. AB. illos. c. o.
21. 48. nec AB. non c. o.
22. 5. oratores aetatis eiusdem AB. eiusdem aetatis oratores. c. o.
22. 8. iam senior. AB. senior iam. c. o.
22. 22. et AB. ut. c. o.
23. 13. istam AB. illam c. o.
24. 10. n̄ris A. B. vestris. c. o.

24. 12. istos AB. illos. c. o.
24. 13. tantum. AB. in tantum c. o.
25. 6. istos. AB. illos c. o.
26. 24. vult AB. velut c. o.
28. 15. educabitur. AB. educabatur. c. o.
28. 27. ad AB. ad rem c. o.
29. 14. invenires. AB. invenies c. o.
30. 20. hercle. AB. hercule c. o.
30. 22. artís ingenuae. AB. ingenuae artis c. o.
30. 22. 33. ista AB. illa c. o.
31. 7. enim est AB. est enim. c. o.
31. 10. haec AB. haec ipsa c. o.
31. 13. nec AB. neque c. o.
31. 14. ista AB. illa c. o.
31. 22. omnem orationem BA. orationem c. o.
31. 38. haec. AB. haec quoque c. o.
32. 24. ego. AB. ergo c. o.
33. 22. percipis AB. perceperis c. o.
34. 24. Dolobellam AB. Dolabellam c. o.
34. 37. hodie quoque AB. hodieque c. o.
35. 17. perfidie. AB. perfidem c. o.
35. 24. cogitant. AB. cogitare c. o.
35. 24. vel AB. nihil c. o.
38. 7. Gn. AB. Cn. c. o.
38. 12. aliquorum AB. aliorum c. o.
39. 2. videar AB. videatur c. o.
41. 10. inde AB. tamen c. o.

Dagegen weicht B häufig von A ab, während A mit allen übrigen Handschriften oder doch den meisten übereinstimmt. An folgenden Stellen hat B's erster Schreiber glücklich geändert.

6. 7. administrationi B. administrationis c. o.
7. 2. ipse B. ipso c. o.
7. 15. vacuos B. iuvenes c. o.
8. 13. quoque B. quosque c. o.
10. 30. effervescit. B. effervescet c. o.
10. 32. offendis. B. offendes c. o.
12. 4. ostium B. hostium c. o.
14. 12. vero B. vere. c. o.
14. 17. eruditionis B. eruditiones c. o.
15. 7. ipse B. ipsi c. o.

18. 15. in B. in omne. c. o.
23. 4. invitus B. invitatus c. o.
25. 22. scias B. sciam. c. o.
29. 8. di:acitati B. bibacitati c. o.
30. 15. refert B. referre c. o.
32. 9. ut B. aut c. o.
33. 15. videor B. videtur c. o.
33. 16. persequar B. persequor c. o.
34. 8. magnus B. magnos c. o.
36. 11. reorum B. rerum c. o.

Größer ift jedoch die Zahl der Stellen, an denen B ungeſchidt geändert hat.

1. 3. eloquentia (corr. b.) B. eloquentiae c. o. b.
2. 15. cotendebat B. contemnebat. c. o.
3. 6. retrectares B. retractares c. o.
3. 21. Graecorum B. Graeculorum c. o.
5. 69. Salerius B. Salerus A. Seleium E. Saleius c. o.
5. 24. quadam velut B. velut quadam c. o.
10. 33. Helvidii B. Helvidi c. o.
12. 1. increpat B. increpabat c. o.
13. 27. mea B. mei c. o. b.
14. 9. et ortatus .B. et hortatus c. o.
15. 10. in om. B. in c. o.
16. 11. ipsum B. ipse. c. o.
16. 15. ac B. hac. c. o.
17. 5. potins temporibus. B. temporibus potius c. o.
17. 22. et om. B. et c. o.
18. 3. Sergio B. Servio. c. o.
19. 2. [qui] usque B. qui usque c. o.
19. 4. dicendi directa.B. directa dicendi c. o.
19. 8. et B. ac c. o.
19. 16. inserere B. insereret c. o.

20. 5. et B. aut. c. o.
20. 20. Pa[u]cubii B. Pacuvii c. o.
21. 11. iis B. his. c. o.
21. 37. rubor B. rubore. c. o.
22. 5. ex B. et c. o.
22. 7. locosque B. locos quoque c. o.
22. 9. iusta B. iuxta. c. o.
22. 14. limine B. lumine c. o. b.
23. 18. solo B. sola. c. o.
25. 12. Hypericles B. Hyperides. c. o.
25. 29. verum B. utrum. c. o.
28. 23. actiam B. Acciam c. o.
29. 16. ullas quidem B. quidem ullas. c. o.
31. 34. civilis om. B. civilis c. o.
32. 9. ut B. aut c. o.
34. 9. multumque B. multum. c. o.
34. 23. dissimularentur B. dissimularent. c. o.
36. 24. cogerent. B. regerent. c. o.
36. 24. ipsi om. B. ipsi. c. o.
36. 29. tuerentur B. tueretur. c. o.
37. 31. nos. om. B. nos. c. o.
37. 36. quoque B. quo c. o.
37. 37. ipse B. ipsas c. o.
39. 17. ac B. et. c. o.

Es ift alſo flar, daß B häufig mit Abſicht oder aus Flüchtigfeit geändert hat, während A die urſprüngliche Leſart behielt. A iſt alſo ein weit zuverläſſigerer Zeuge von X als B.

III.

Während das Urteil über AB bis hierher übereinſtimmt, gehen die Anſichten über die Glieder der Familie Y auseinander; nur über D herrſcht in mancher Beziehung Einigfeit. Allgemein wird zugeſtanden, daß der Schreiber von D, der an vielen Stellen von ſämtlichen übrigen Handſchriften abweicht, ſehr flüchtig verfahren iſt und an dieſen Stellen die Leſart von Y nicht bringt. Es würde zu weit führen, wenn hier alle Stellen angegeben würden, eine Auswahl möge genügen, um ein Bild vom Verfahren des D=Schreibers zu geben. Sehr häufig verwechſelt er einzelne Buchſtaben, Silben oder Wörter: II. 6. veros für utrosque. II. 8. quadam f. quodam. VI. 20. procenseo f. percenseo. VIII. 29. fatilius f. facilius. IX. 3. utilitatis f. utilitates. IX. 5. consequentur f. conseuuntur. IX. 15. eum f. cum. IX. 30. petis f. poetis. X. 7. loquor f. loquar. XI. 12. patrum ſ. partum. XIII. 25. statuatque ſ. statuarque. XV. 6. tam ſ. eam. XVI. 20. antededit ſ. antecedit. XXII. 15. hedifitio ſ. aedificio. XXII. 17. aut ſ. autem. XXIV. 12. causa ſ. sua. XXVIII. 12. contra ſ. circa. XXXIII. 10. sunt f. sua. XXXIII. 20. ius ſ. vis. u. ſ. w.

Oft wird ein Buchſtabe ausgelaſſen, oder ſtatt eines Doppelconſonanten wird der einfache geſetzt, oder ein Buchſtabe wird hinzugefügt. I. 3. nostram ſ. nostra. I. 15. dictam ſ. dicta. III. 18. causa ſ. causae. VIII. 13. abiectis ſ. abiectius. IX. 8. reddit ſ. redit. IX. 31. vellint ſ. velint. X. 18. eloquentiae ſ. eloquentia. XI. 4. detractare ſ. detrectaret. XII. 6. innocetia ſ. innocentia. XII. 20. videantur ſ. videntur (vide[a]ntur B). XIII. 14. aliqui ſ. aliquid. XV. 12. redat ſ. reddat. XVI. 1. tractu ſ. tractatu. XVII. 10. anos ſ. annos (ſo wiederholt). XVIII. 5. impolliti ſ. impoliti. XVIII. 19. miraretur ſ. mirarentur. XIX. 16. orationis ſ. orationi. XX. 2. fere ſ. ferre. XXI 22. eloquentiam ſ. eloquentia. XXIV. 3. deffendit ſ. defendit. XXV. 19. spledidior ſ. splendidior. XXIX. 4. eroribus ſ. erroribus. XXXI. 5. hiis ſ. his (iis C). XXXV. 18. aborrenti ſ. abhorrenti u. ſ. ſ.

Nicht ſelten — im ganzen über dreißigmal ſind einzelne Wörter ausgelaſſen: V. 2. ut. V. 4. eos. VII. 14. in urbe. VIII. 18. sunt. IX. 13. ut. XII. 12. illud. XIV. 10. defendi. XVIII. 10. ornatior. XIX. 7. cum. XXI 38. stetit. XXII. 18. imbrem. XXV. 15. autem. XXVIII. 19. facere. XXX. 18. in urbe. XXXIII. 17. nunc. XXXV. 9. nihil. XXXVI. 12. et. XXXIX. 11. est.

Ein Beweis dafür, daß dieſe Stellen nicht ſo in Y ſtanden, ſondern daß hier Flüchtigkeit des Abſchreibers vorliegt, ſind die Stellen, an denen der Schreiber, ſeine Flüchtigkeit bemerkend, während des Schreibens verbeſſerte: V. 5. coniunctior [part] em coniunctiorem; ſein Auge war auf partem in 4 abgeirrt; ähnlich V. 18. imperii [famam] atque. XI. 8. enit[t]i. XIV. 21. [hu]ins eius. XVII. 5. antiquos antiquis. XVII. 4. O[c]tonis. XXXI. 34. debe[a]t. u. ſ. w.

An einer Anzahl von Stellen ſtimmt D mit CD gegen AB und EV überein.

V. 10. alium CDD. alius ABEV.

VII. 7. praetura CDD. praeturam ABEV.

VIII. 9. omnibus CDD. hominibus ABEV.

IX. 22. praecepta CDD. percepta ABEV.

XII. 14. amissa CDD. admissa ABEV.

XII. 15. angustior CDD. augustior ABEV.

XIV. 21. plurimum CDD. plurium ABEV.

XV. 18. aut ab Asinio CDD. aut Asinio ABEV.

XVII. 7. ipse CDD. ipso ABEV.

XVII. 8. nach idus haben eine Lücke ABEV, keine CDD.

XVII. 16. centum et viginti CDD. centum et decem ABEV.

XVII. 24. 25. congiario. congiarium. CDD. cogiario. cogiarium. ABEV.

XVII. 29. vocitetis CDD. vocetis ABEV.

XVIII. 22. videtur CDD. videretur ABEV.

XXII. 20. supellectili CDD. supellectile. ABEV.

XXIV. 9. quos modo insectatus CD*Δ*.　quos insectatus ABEV.

XXIV. 15. colligitur CD*Δ*.　collegerit ABEV.

XXVI. 18. contento CD*Δ*.　contempto ABEV.

XXVIII. 27. artis CD*Δ*.　artes ABEV.

XXIX. 13. relinquitur CD*Δ*.　relinquit ABEV.

XXXIII. 10. scientia CD*Δ*.　inscientia ABEV.

XXXVII. 11. Metellos et CD*Δ*.　Metellos sed et ABEV.

XXXVII. 14. accedat CD*Δ*.　accedebat ABEV.

XI. 4. Sila CD*Δ*.　Sylla ABEV.

XI. 14. accepimus CD*Δ*.　accipimus ABEV.

Die drei Handschriften gehen also offenbar auf eine Quelle zurück, die eine andere als die für EV sein muß. Nur fragt es sich, ist diese Quelle Y selbst, oder muß man ein Zwischenglied annehmen, entweder ein gemeinsames für alle drei, oder ein gemeinsames für zwei, während eine Handschrift direkt auf Y zurückgeht.

Baehrens nimmt für DC ein gemeinsames Zwischenglied x an; x ist mit A verglichen; doch ehe x A einsah, war C abgeschrieben, erst nach der Collation floß D aus x; *Δ* stammt direkt aus Y. Baehrens stützt seine Ansicht auf 30. 2., wie p. 45. mit einem Druckfehler steht, es ist 30. 5., wo
$$\text{l' vocant.}$$
CEV*Δ* vocant bringen, AB vocatis. D vocantis, nach Gudemann D vocatis. Richtig bemerkt Baehrens, daß in der Handschrift, aus der D floß, vocant über vocatis stand; aber die oben unter A angeführten Fälle 2. 18. u. f. w. beweisen, daß in X am Rande oder oberhalb der Linie variae lectiones standen, die A regelmäßig, selten auch die eine oder die andere von den übrigen Hand=schriften brachte, so daß man schließen darf, daß diese variae lectiones auch in Y, also auch schon
$$\text{l' secedit.}$$
im Archetypon O standen. So hat 12. 5. A sedit; B wählte secedit, ebenso DC*Δ*, EV aber sedit. Die Handschriften verfuhren also eklektisch.

Danach braucht man aus 30. 5. nicht wie Baehrens zu schließen, besonders wenn D nach
$$\text{l' vocant.}$$
Gudemann vocatis bringt. Nicht nur in X, sondern auch in Y stand vocatis; vocatis wurde nur von D, von den übrigen wurde vocant gewählt. Ähnlich ist die Sache 37. 23. zu erklären. habendus mit darüber geschriebenen est stand in O, wahrscheinlich im Compendium; ebenso stand es in X und Y, ABD nahmen est in den Text auf, doch so daß AB est hinter habendus, D vor habendus setzte; C*Δ*EV ließen das über habendus geschriebene est unbeachtet. Diese beiden Stellen sind also keine Belege dafür, daß D mit A oder B in Verbindung steht, sondern sie lassen sich anders erklären. Ebenso verhält es sich mit XLI. 4., welche Stelle Gudemann nach den von Baehrens angeführten hinzufügt. Auch hier stand in O quidem quod nemo mit darüber geschriebenen quis enim, wie A giebt; D schrieb, indem er quis enim in die Reihe aufnahm, quis enim quidem quod nemo, quis enim wurde von C*Δ*EV. oder deren Vätern gewählt, B schrieb mit leichter Änderung quid enim

2

quod nemo. Aber auch die übrigen Stellen zwingen uns nicht zu der Annahme, daß D AB eingesehen hat. Ich werde sie kurz anführen.

Wenn II. 15 ABD cū (cum), C𝐴EV omni haben, so muß man annehmen, daß einerseits in X, andererseits in Y dasselbe Compendium für omni stand; durch einen Zufall lösten sowohl der Schreiber von X, als auch der von D es fälschlich in cum auf, während die übrigen die richtige Auflösung fanden. Daß diese Annahme richtig ist, wird durch XIII. 15 bestätigt, wo sämtliche Handschriften dasselbe Compendium durch cum statt omni auflösten. Wenn ABD XXVII. 2., XXXL 1., hec (haec) für hoc haben, so ist das ein Verfahren, das auch anderen Handschriften widerfährt, so XXII. 6. haec D𝐴. XXXII. 16 bringen ABD nec, während C𝐴EV non schreiben; auch hier kann der Zufall gewaltet haben; non stand in O, X schrieb flüchtig nec; non wurde von Y richtig geschrieben, D schrieb mit gewohnter Flüchtigkeit nec. Ähnlich liegt die Sache XXVII. 11. wo ABD et ausgelassen haben. D läßt bekanntlich häufig einzelne Wörter aus, aber auch A und B machen sich zuweilen desselben Fehlers schuldig; so fehlt in A XIX. 24. vi, das vielleicht schon von X übergangen war, B läßt XV. 10. in, XVII. 22. et aus. Wenn aber alle drei Handschriften für s einmal r schreiben XXVI. 25. incurato für incusato, so wird man hieraus sicher nicht auf eine genauere Verbindung schließen können. Ebenso ist es mit XXVIII. 15 wo in ABD erit für erat in C𝐴EV. steht. — Die ursprünglichen Lesarten haben ABD in folgenden Stellen erhalten: XII. 10 et malis. (et ex malis). XXV. 4. constat. (constaret). XVII. 18. fateretur (fatebatur). XXXI. 16. et (ad. misericordia geht vorher). XXXL 21. pastulabit (postulaverit). XXXII. 20. ut quae (utque). XXXIII. 17. quid (quod). XXXIX. 5. tabularia. (tabularie CEV. fabularie 𝐴. auditorie vorher EV𝐴). XXXIX. 8. ipsam. (ipsa). XLI. 13. obscuriorque (obscurior. gloria folgt). Spuren der ursprünglichen Lesart finden wir in X. 41. expressis ABD. om. E. expressit C𝐴 expressit pro V. Die Spuren des Participiums, das hier gefordert wird — vielleicht expertis — finden wir noch in ABD. expressis stand wahrscheinlich schon in O. XXI 17. regule ABD illae CEV𝐴; auf reiculae, das hier Ribbeck empfiehlt, führen die Spuren in ABD. XLI. 2. ABD. horum C𝐴EV. forum stand vielleicht schon in O. fori nostri möchte ich schreiben. — XI. 3 parant (perant D) quid enim me ABD. parant enim quid me CEV. desperant. n. quid me 𝐴 läßt sich dadurch erklären, daß ursprünglich parant quid me enim geschrieben war. Da hier außerdem D perant bietet, so wäre es doch auffallend, daß D, wenn es A oder B eingesehen hat, perant schrieb; daß vielmehr perant schon in Y stand, darauf weist desperant in 𝐴 hin. — XXVII. 7. nam et vos offendi decebit ABD. nam nec vos offendi decebit C𝐴EV. Auch hier stehen ABD der ursprünglichen Lesart näher, als welche et mea vos offendi dedecebit anzunehmen ist. Die größte Schwierigkeit macht XIX. 11., wo ABD laudabat, C𝐴EV laudi dabatur schreiben; denn es läßt sich nicht leugnen, daß aus laudi dabatur leichter laudabat entstehen konnte als umgekehrt; wenn also laudabat nicht nur in X, sondern auch in Y, damit also auch wahrscheinlich schon in O stand, so mußten C𝐴EV oder deren Vater oder Väter laudabat in laudi dabatur geändert haben; das scheint auf den ersten Blick unglaublich, aber als möglich wird es erscheinen, wenn auch an andere Stellen die Handschriften einzeln oder gemeinsam solcher Änderungen überführt werden.

Nur einmal stimmt D mit A allein überein gegen alle übrigen Handschriften: XVI. 32. haben AD videtur, während C*A*EVB vester bringen. Vielleicht stand videtur schon in X und Y; auffallend ist es jedenfalls, daß B hinter fingitis videturque schreibt. Wenn ferner I. 21. BD anteferrent für anteferret und XXXVIII. 9. quanta für quanto bringen, so läßt sich aus diesen kleinen Übereinstimmungen, die sehr leicht durch von einander unabhängige Flüchtigkeit der Schreiber entstehen konnten, nicht auf eine Benutzung von B durch D schließen. Wenn endlich XII. 20. vide[a]ntur B videantur D videntur C*A*EVA und XXIII. 25. planitas B plenitas D planitas C*A*EVA᷎ D B eingesehen haben soll, so ist es doch wunderbar, daß D XXI. 20. vor der Korrektur, XXIII. 25. nach der Korrektur verglichen haben soll.

Die Übereinstimmung von D mit AB läßt sich also folgendermaßen erklären: 1) ABD bringen die ursprüngliche Lesart, die übrigen haben geändert. 2) Einzelne Gleichheiten sind darauf zurückzuführen, daß ABD über der Linie geschriebene Wörter an eine und dieselbe Stelle setzten, während die übrigen Handschriften eine andere wählten. 3) Zufällig waren die Schreiber an derselben Stelle in derselben Weise flüchtig, wenn man nicht annehmen muß, daß die Flüchtigkeit sich schon in Y fand, wie sie in X gefunden wurde, also vielleicht auch schon in O stand.

Daher muß man über D folgendes Urteil fällen: D ist aus Y direkt, allerdings sehr flüchtig und nachlässig abgeschrieben, hat aber A und B nicht eingesehen.

Unter den Handschriften der Familie Y nehmen E und V eine besondere Stellung ein. Schon auf S. 8 und 9 ist eine Anzahl Stellen aufgezählt, an denen EV gemeinsam mit AB von den übrigen Handschriften der Familie Y abweichen. Hinzufügen muß ich noch: XXI 18. redolent EVAB. reddent C*A*. redent D. XXIII. 14. consequuntur EVAB. consequentur C*A*. consequenter D. XXXV. 3. ante Ciceronis tempora extitisse EVAB. ante Ciceronis tempore extitisse *A*. ante Cicero tempore extitisse C. ante Cice. extitisse tempore D.

Wenn schon hieraus vermutet werden kann, daß EV. auf eine gemeinsame Quelle, die sich von der der übrigen unterscheidet, zurückgehen, so wird diese Vermutung dadurch bestätigt, daß EV an den Stellen, wo die Urhandschriften eine doppelte Lesart boten, (s. S. 5), meistens dieselbe Lesart bringen, die an fünf Stellen von sämtlichen übrigen Handschriften der Familie abweicht (II. 18. IX. 16., XII. 5., XII. 16., XXXIX. 11.), einmal mit *A* allein übereinstimmt (XXIX. 7.) zweimal mit D*A* (XV. 13., XLI. 4.), einmal mit BD. (XXXVIII. 4.), mit C*A* einmal (XXX. 5.) und endlich einmal mit allen gegen A, das die doppelte Lesart bringt (XL. 27). Nur an vier Stellen bringen sie hier verschiedene Lesarten. XVI. 19., XX. 12., XX. 19., XXVII. 1.

Zur Gewißheit aber wird die Vermutung dadurch, daß EV. an vielen Stellen von sämtlichen oder doch den meisten Handschriften gemeinsam abweichen.

Gegen alle Handschriften bringen sie eine schlechtere Lesart:

II. 10. semotae omm. EV. semotae c. o.

II. 10. acciperem EV. exciperem c. o.

III. 22. aggregarem EV. aggregares c. o.

VII. 16. est. omm. EV. est. c. o.

VIII. 10. ad quantum EV. ad quam c. o.
XVI. 2. explicavit EV. explicabit c. o.
XVI. 5. cognitiones EV. cogitationes c. o.
XXIII. 17. est ab. EV. abest. c. o.
XXV. 9. hisdem. EV. isdem. c. o.
XXX. 20. et in EV. in. c. o.
XXXIII. 13. et omm. EV. et c. o.
XXXIV. 16. populi et. EV. populi c. o.
XXXVII. 12. loco omm. EV. loco. c. o.
XXXIX. 4. auditorie EV. auditoria c. o.
XI. 12. temerarius EV. temeraria c. o.
XI. 16. Grecorum EV. Gracchorum c. o.
XLI. 12. his EV. sic. c. o.

Auch D weicht ab XII. 19. vel EV. velis vel D. velis c. o. XIII. 14. hi EV. in D. ii. c. o.

C. bringt eine andere Lesart XIV. 11. docebat EV. decebat E. decebat c. o.; schlechter schreiben auch XXXII. 10. isset EV., während C⊿ das richtige isse, ABD isse et bringen.

An allen diesen Stellen sind EV. oder deren Quelle von Y abgegangen und haben geändert. Vielleicht beruhen auf Änderung ebenfalls die wenigen Stellen, wo EV. die bessere Lesart bringen.

VI. 16. quod illud. EV. quod id. c. o.
X. 21. arcem. EV. artem. c. o.
XIV. 2. cum. EV. tum. c. o.
XXXI. 18. versatus EV. versatur c. o.
XXIII. 9. Aufidi E. (Aufidii V.) tui fidi ABC. cui fidi. D.
XVII. 13. illum EV. ipsum CD⊿. istum AB.

Nicht festzustellen ist die Änderung XXIX. 5., wo et virides AB. am besten schreiben, während EV. et vides, D⊿. et vires, C. et viles bringen.

Verderbt waren die Stellen XV. 6. und XVI. 33. wohl schon in O., wo maligni in his EV., maligni in iis C., maligne i hiis D., maligni in opionem ⊿ und et fama sed EV⊿. fama ABCD bringen. Endlich ist die Zahl in XVI. 31. verschieden überliefert, und XXVI. 3. lesen wir in EV. hercule, während die übrigen hercle schreiben.

Daß ferner E und V nur auf dieselbe Urquelle zurückgehen, jedoch so, daß wir nicht immer die Lesart feststellen können, das bezeugen diejenigen Stellen, an denen E und V von einander abweichen. Ich bringe hier nur die Stellen, an denen E oder V eine besondere Lesart bringt, ohne mit einer der übrigen Handschriften übereinzustimmen.

So hat E I. 4. appellamus (appellemus). 6. advocati (et advocati). 16. singulis (singuli). III. 2. acquem (ac. omm.). IX. 26. liberalitatem (libertatem). X. 20. mihi tecum (tecum mihi. tecum minime D). 37. omnium mox. (mox omnium). 40. expressis oder expressit. om. XVIII. 27. et elumbem (atque). XXI. 14. et vires (ac vires). 40. animi (aut animi). XXII. 11. esset (est). XXIII. 24. permittit (permittitur). XXVI. 15. nominare Aper noster (Aper noster nominare). 20. studio (studiis). 32. in hac (non hac). XXVII. 3. quos (quod). XXVIII. 19. aut facere. (neque facere. facere om. D). XXIX. 16. nec praeceptores (ne praeceptores). XXX. 7. decurriens (de curiis). 28. clauditur (cluditur). XXXL 4. accidentibus (accedentibus). 7. ad dicendum subiecta. (subiecta ad dicendum). XXXII. 2. sufficere (sufficeret). XXXIII. 1. et (ao). 25. ex ornaturum (et ornaturum. et ornatorum C.). XXXV. 11. audiantur et dicant. (dicant et audiantur). XXXVI. 16. quanto (tanto). XXXVIII. 16. scribuntur (inseribuntur). XI. 16. ullius (illius). XLI. 23. vitas et. (vitas ac).

V aber hat folgende ihm eigentümliche Lesarten:

I. 16. diversas quidem sed probabiles. (diversas vel easdem). IJI. 7. quae. (qua). VII. 11. albo. (alio). XII. 9. sangunantis. sanguinantis. sanguinatis D). XVII. 12. Gay (Cao. Caii BE). XVIII. 28. mihi omnes (omnes mihi). XX. 3. expectavit (expectabit. expectavit E). XXI 15. ea (eae. ex D). XXVI. 18. ius. (vis). 20. in compositis. incompositus. incompositis D). 28. nunc. (non). XXIX. 1. atque (at. ac. D). 10. pecularia. (peculiaria). XXXII. 7. credas enim et. (credas eminet). XXXV. 16. delegantur (deleguntur). 24. obiectum (abiectum). XXXVII. 2. patronorum mit kleinerer Lücke. XXXIX. 18. adsistere. (adsisteret). 23. potuerunt. (potuerint).

Wenn hierdurch E und V überführt find, daß sie vielfach von der gemeinschaftlichen Quelle abweichen und deshalb nicht immer glaubwürbige Zengen für sie und damit auch nicht für Y find, so wird ihre Glaubwürdigkeit für Y noch weiter dadurch erschüttert, daß sie im offenbaren Zusammenhang mit AB stehen, wie dies schon die S. 8 f. angeführten Stellen beweisen; denn daß sie an diesen Stellen nicht die Lesart von Y bringen, nehme ich vorläufig als bewiesen an; den Beweis wird die Besprechung von C und Δ bringen. Dann aber ist anzunehmen, daß die Quelle von EV aus A oder B oder deren Vater stammt. Mir scheint es, daß B von der Quelle (z) eingesehen wurde. Denn mit A stimmen EV nur X. 2. omnis (omnes), XIX. 17. ferebantur (ferebatur) überein gegen alle Handschriften, ebenso AE. V. 2. moderati (modesti); BEV haben übereinstimmend XIX. 15. odoratus (adoratus). XXXI. 4. exercerent (exercent).

Einen Beweis für die Benutzung von B geben die Stellen, wo B und E übereinstimmen; wenigstens find sie für Scheuers Behauptung, daß B nach der Quelle von VE korrigiert ist, nicht beweiskräftig, henn an den Stellen

> V. 20. factaque BE. fataque c. o.
>
> XI. 16. irrumpunt BE. irruperunt c. o.
>
> XVI. non BE. num c. o.
>
> XVII. 2. Caii BE. Gay V. Cai c. o.
>
> XVIII. 6. in ulla BE. nulla ADV. in illa C. in nulla Δ.
>
> XXVIII. 8. in BE. in omm. c. o.

kann ebenso gut E B eingesehen haben, wie umgekehrt, oder B könnte auch eine der übrigen Hand=
schriften benutzt haben.

Wenn ferner B über oder in der Linie Verbesserungen hat, die E von Anfang in der Linie
hatte, so ist es auch umgekehrt der Fall. Denn wir lesen

XX. 4. de exceptatione BC. de in B über der Linie,

XXVIII. 19. dicere E. B radierte in discere s, so daß es di✕cere bringt.

XVI. 5. si istud B. si illud E, si über der Linie.

XIX. 14. videretur B. E. re in E über de.

B verbesserte überhaupt häufiger. So XVIII. 15. in illis. in über der Linie B (omm. c. o.).

XVIII. 25. „quidem a Calvo" B. (a Calvo quidem). XIX. 22. [ge]neribus B. (itineribus).

XX. 9. „et vagus et" affluens. (et affluens et vagus). XXXI. 38. reperitur B. (requiritur).

XXXIV. 13. incorrupta aus corrupta verb. B (incorrupta). XXXL 24. egerunt aus egerint
verb. B. (egerunt). XI. 18. „oratores Athenienses" B. (Athenienses oratores). Alle diese
Verbesserungen können so erklärt werden, daß B während des Abschreibens aus der ihm vorliegenden
Handschrift ein Versehen wieder gutmachte; denn alle die Verbesserungen standen in A, also auch schon
in X und im liber Pontani.

An andern Stellen verbesserte B die Lesart von X.

XXVI. 8. a[u]tores B. auctores A. actores c. o.

XXVI. 16. pos ✕ se. B. post se A. posse c. o.

XXXI. 22. omnem orationem in orationem verbessert B. omnem orationem
A. orationem c. o.

Doch hier braucht man nicht anzunehmen, daß B E oder eine der übrigen Handschriften
benutzt hat; denn B konnte nach eigenem Ermessen ändern, wie er es an folgenden Stellen gethan hat.

XXIII. 4. invitus richtig aus invitatus. XXVIII. 1. hatte B mit A die ursprüngliche
Lesart qui, sah aber wohl ein, daß qui hier emendiert werden mußte. Er nahm aber, was er doch
sicher gethan hätte, wenn er eine der übrigen Handschriften eingesehen hätte, nicht die diesen gemein=
schaftliche Lesart et, sondern schrieb tū (tum). Auch XXXIII. 15. hatte B anfangs mit den übrigen
Handschriften das verkehrte videtur, verbesserte aber richtig videor; ebenso XXXII. 17. persequar
aus persequor. Ungeschickt war die Verbesserung XXXVI. 1. wo aus moribus mortibus verbessert
wurde. Wenn B nach E verbessert hätte, würde doch wohl das richtige motibus, das E mit den
übrigen Handschriften bringt, gewählt worden sein.

Wenn es also erwiesen ist, daß B zuweilen nach eigenem Ermessen verbessert hat, so darf man
mit gutem Rechte annehmen, daß es auch da, wo es mit E übereinstimmt, nicht nach E verbessert hat,
sondern seinem eigenen Urteil gefolgt ist.

Das Urteil über EV lautet also folgendermaßen: EV sind nicht direkt aus Y abgeschrieben,
sondern es ist ein Zwischenglied z anzunehmen; aus z sind beide direkt abgeschrieben, doch bringen
beide öfters verschiedene Lesarten, sind dann also keine glaubwürdigen Zeugen für z, das seinerseits,
da es von B beinflußt ist, nicht immer als Zeugnis für die Lesart in Y gelten kann. Man muß

deshalb Gudeman Recht geben, wenn er p. (XXIX von V behauptet, daß diese Handschrift keine textkritische Wichtigkeit besitzt; nur hätte er einen Schritt weiter gehen müssen. Dasselbe, was von V gilt, gilt auch von der Schwesterhandschrift E. Auch sie besitzt nur geringen Wert für die Text= kritik; doch wird zuweilen durch beide eine Lesart der einen von den übrigen Handschriften bestätigt.

Ich gehe nun zu C über. C besitzt eine Anzahl ihm eigentümlicher Stellen:

I. 1. cum. om. C. cum c. o.

II. 4. habetur C. haberetur c. o.

III. 9. tu om. C. tu. c. o.

X. 10. misit C. omisit (emisit B). c. o.

VIII. 19. ac om. C. ac. c. o.

VIII. 32. aetate adulescentia C. adulescentia. c. o.

XI. 18. nisi om. C. nisi c. o.

XII. 7. penetralia hoc om. C. penetralia hoc ob. haec. c. o.

XXI 24. quam per. C. quam qui.

XII. 26. aut Varii om. C. aut Varii. c. o.

XVI. 26. videtur C. videatur c. o.

XVI. 34. modo C. mense. c. o.

XVII. 8. divus. om. C. divus. c. o.

XIX. 14. et. om. C. et..c. o.

XIX. 22. et certe. C. at certe. c. o.

XX. 16. voinit C. volunt. c. o.

XXI 10. scribuntur C. conscribuntur c. o.

XXII. 21. minus om. C. minus c. o.

XXI. 22. quae C. quam c. a.

XXI. 27. sisi forte C. nisi forte. c. o.

XXI. 40. vis om. C. vis c. v.

XXV. 6. alio quo C. quo alio. c. o.

XXV. 30. decessisse C. detexisse c. o.

XXV. 34. nec om. C. nec. c. o

XXX. 5. insumere C. insumitur c. o.

XXX. 18. copiam C. copia c. o.

XXX. 29. ornate quid orator et C. et ornate et c. o.

XXXL 5. implorent C. implerent. c. o.

XXXL 27. apertos C. aptos c. o.

XXXIV. 23. nec breviter C. nec bene. c. o.

XXXVII. 6. antiquoriorum C. (antiquariorum V). antiquorum. c. o.

XXXVII. 9. iis C. his c. o.

XXXVII. 35. per. C. qui. c. o.

XXXVII. 35. et om. C. et c. o.

XXXIX. 4. verum C. virium. c. o.

C hat wohl an manchen Stellen flüchtig abgeschrieben, aber nur selten mit Absicht geändert, so VIII. 32. XXXV. 30. XXXIV. 23. An einer Stelle leitet es auf die richtige Lesart hin: XXXVII. 6.

C steht ferner mit keiner andern Handschrift in besonderer engerer Beziehung. Allerdings bringt er mit Δ eine Reihe beiden eigentümlicher Lesarten, in denen sie von D abweichen.

VI. 8. illos (V) CΔ. istos ABD ipsos E.

IX. 33. ut quae (V) utque AE. quae D.

X. 2. omnes. CΔ. inquit omnes D. omnes AB EV.

XIV. 1. stinc tus CΔ instinctus c. o.

XX. 9. exigetur CΔ. exercetur. BDE. l'e exercitur. AV.

XXI. 18. reddent CΔ. redent D. redolent ABEV.

XXVIII. 18. qu[i]a C. quia ΔV. qua. ABDE.

XXX. 22. dialecticae CΔ. dialetice BDEV. dyaletice A.

XXXI. 5. iis CΔ. hiis D. his. ABEV.

XXXIII. 26. et ornatorum CΔ. et ornaturum. ABDV. ex ornaturum E.

XXXV. 15. quidem etsi CΔ. quod etsi D. quid et ei ABEY.

XXVVII. 9. iis CΔ. his ABDEV.

Doch darf man aus dieser Übereinstimmung nicht auf eine besondere gemeinschaftliche Quelle schließen, denn die Schreiber stimmen teils zufällig in derselben Nachlässigkeit und Flüchtigkeit überein, oder sie bringen die ursprüngliche Lesart; auf absichtliche Änderung läßt keine Stelle schließen. So sind unbedeutend die Änderungen IX. 33. X. 2. XIV. 1. wo, wie häufiger in diesen Handschriften die Präposition in einem Compositum fortgelassen ist, XXXVII. 9. Die ursprüngliche, wenn auch falsche Lesart bringen sie XXI. 18. XXXVII. 18. Die bessere und ursprüngliche Lesart haben wir XXXI. 5 und XXXV. 15. Der ursprünglichen richtigen Lesart kommen sie nahe XX 9. (exigitur) und XXXIII. 26. (esse oratorum). Unabhängig von einander konnten die Schreiber das richtige dialecticae XXX. 22. finden.

Dazu kommt, daß D und Δ an einer Anzahl von Stellen übereinstimmen, ohne daß wir hier eine besondere Quelle anzunehmen hätten.

VIII. 24. congere DΔ. congerere c. o.

IX. 5. consequentur DΔ. consequuntur c. o.

X. 28. consurgere DΔ. confugere c. o.

XII. 7. haec DΔ. (C. om). hoc c. o.

XIX. 13. multorum DΔ. multarum c. o.

XX. 19. enim omm. DΔ. enim c. o.

XXI 22. eloquentiam DΔ. eloquentia c. o.

XXIV. 6. incessere DΔ. incesseret c. o.

XXIX. 5. et vires DΔ. et viles C. et virides AB. et. vides EV.

XXX. 7. scolam. DΔ. scholas c. o.

XLI. 11. usu DΔ. usus c. o.

Auf der anderen Seite stimmen C und D gegen Δ und die übrigen Handschriften überein:

VII. 4. praetura CD. praeturam c. o.

XVII. 6. adscribitis CD. adscribatis c. o.

XVIII. 28. interrogas CD. interroges c. o.

XXII. 25. fugiet CD. fugitet c. o.

XXVI. 21. devectus CD. deiectus c. o.

XI. 14. accepimus CD. accipimus c. o.

Da alfo CΔD häufig gegen die anderen Handschriften übereinstimmen, so gehen sie auf dieselbe Quelle zurück; da aber ferner bald CΔ, bald CD, bald DΔ übereinstimmen, da ferner für sie kein besonderer Zusammenhang mit einer der übrigen Handschriften festzustellen ist, so kann die Quelle nur Y selbst sein. Wenn wir aber annehmen müssen, daß wir, wenn CΔD übereinstimmen, Y haben, so können EV, wo sie gegen die drei Handschriften eine andere Lesart bringen, diese nicht aus Y haben. Ans Y sind alle drei direkt geflossen, jedoch hat jede Handschrift Änderungen gemacht, denn auch Δ hat eine ganze Zahl Stellen für sich allein, die zum Teil auf Änderungen beruhen oder nachläffig sind.

Nachläffig ist abgeschrieben u. a.

I. 24. anteferre Δ. anteferrent BD. anteferremm c. o.

VI. 21. fert Δ. perfert CEV. proferre D. profert D.

X. 12. criminibus Δ. carminibus c. o.

XX. 20. inclinatus Δ. inquinatus c. o.

XXI. 36. exurgitoris Δ. exuritoris D. exurgit c. o.

XXII. 7. lectiores Δ. laetiores c. o.

XXIII. 17. propie Δ. proprie CD. prope c. o.

XXV. 1. praescriptam et ΔV. perscriptam C. praescriptam a te ABD. et perscriptam E.

XXXL 30. nec Δ. ne c. o.

XXXIV. 30. iudicium Δ. iudicii D. iudicum c. o.

XXXIX. 4. fabularie Δ. tabularie CEV. tabularia ABD.

Der Versuch, die verderbte Lesart richtig wieder herzustellen, findet sich

XI. 2. desperant e. quid me Δ. parant quid enim me ABD. parant enim quid me CEV. oder

XV. 6. maligni in opionem Δ, wo die meisten Handschriften in bis bringen.

XXXII. 10. ipse Δ. isse C. isse et ABD. isset EV.

XXXV. 2. in se iu Δ. seni A. sein CE. sem D. scenā B.

Richtig erhalten ist die Lesart u. a. in

XXXVII. 1. stimulabantur Δ. stimulabatur D. stipulabantur c. o.

Das Urteil über die Handschriften — den Harleianus konnte ich nicht besprechen, da mir das kritische Material fehlt — lautet also: Unter den beiden Handschriften der Familie X ist A ein glaubwürdigerer Zeuge als B, der häufig geändert hat. Unter den Handschriften der Familie Y gehen EV durch die Vermittelung der Zwischenhandschrift z auf Y zurück; z sah B ein, ist also deshalb nicht immer glaubwürdig; E und V haben wieder selbst Änderungen getroffen. Ihr kritischer Wert ist deshalb gering; nur kann durch sie zuweilen die Lesart einer der drei übrigen Handschriften als aus Y stammend erwiesen werden. Direkt aus Y floſſen C, Δ, D. Doch auch sie leiden jede an besonderen Fehlern, die teils auf Nachläſſigkeit, teils auf absichtlicher Änderung beruhen; am nach= läſſigſten schrieb D ab, doch hat dieſe Handschrift wieder am seltensten mit Absicht geändert. Aus AB ist aber D nicht absichtlich geändert; denn auch XIX. 11., die einzige Stelle, die noch auf einen Zuſammenhang hinweisen könnte, wo ABD laudabat, die übrigen laudi dabatur bringen, muß anders erklärt werden. Y selbst war schon durch Corruptelen entstellt und brachte laudi dabatur. D schrieb auch hier flüchtig ab, traf aber zufällig das richtige laudabat, vergl. XVII. 29.

Der Stammbaum ist also folgender:

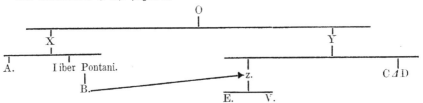

Die Lesart für X wird also wiederhergestellt, 1. wenn AB übereinstimmen; 2. wenn sie auseinandergehen, werden wir A folgen. Für Y wird die Lesart hergestellt 1. wenn CΔD über= einstimmen. 2. wenn zwei gegen die dritte stimmen. Doch erleidet dieſe Regel Ausnahmen, namentlich bei der Wiederherstellung von Y, wo auch EV heranzuziehen sind. Daher ist mit Peterson ein eklektisches Verfahren bei der Wiederherstellung zu empfehlen.

IV.

Bei der Frage, welche von den beiden Handschriften X und Y die beſſere ist, wird man derjenigen den Vorzug geben, welche der glaubwürdigste Zeuge für O ist. X hat vier und sechzigmal die Lesart von O beſſer bewahrt als Y. Zuerst an folgenden Stellen — übergangen sind die Stellen mit iste und ille —: I. 17. redderent O. redderet Y. V. 10. alius O. alium Y. VI. 7. non O. neque Y. (vgl. XXI. 38. XXXII. 16.) VI. 20. profert O. perfert Y. VI. 8. 9. omnibus O. hominibus. Y. IX. 5. consequuntur. O. consequatur Y. IX. 33. utque O. ut quae Y. X. 2. omnis O. omnes Y. X. 23. artis O. artes Y. XI. 9. Neronem O. nerone X. nerone Y. XII. 14. admissa O. amissa Y. XII. 15. augustior O. angustior Y. XIV. 11. decebat O. docebat Y. XIV. 21. plurium O. plurimum Y. XV. 18. aut Asinio O. aut ab Asinio Y. XVI. 10. ac Nestor O. et Nestor Y. XVII. 7. ipso O. ipse Y. XVII. 18. fateretur. O. fatebatur Y. XVII. 24. 25. congiario. congiarium. O. cogiario. cogiarium Y. XVIII. 22. videretur O. videtur Y. (vgl. XVII. 18.) XX. 14. audire O. adire Y. XXI. 4. aliosque qui O. alios quique X. alios Y. XXI 18. redolent O.

reddent Y. XXIII. 14. consequuntur O. consequentur. Y. (vgl. IX. 5). XXIII. 17. prope O. proprie Y. XXIV. 15. collegerit O. colligitur Y. XXV. 1. a te O. et Y. XXVI. 18. contempto. O. contento. Y. XVI. 26. plurisque O. plerisque Y. XVII. 7. nam et O. nam nec Y. XXVII. 8. perstringat O. perstringit. Y. XXVIII. 19. quia O. qua Y. XXIX. 13. relinquitur O. relinquit. Y. XXX. 27. angustis O. angustiis. Y. XXXL 21. postulabit O. postulaverit Y. XXXII. 20. ut quae O. utq; Y. XXXIII. 9. ingressuri O. ingressi Y. XXXIV. 37. hodie quoque O. hodieque Y. XXXV. 3. tempora O. tempore Y. XXXV. 6. scolam O. scolas. Y. XXXIX. 5. tahularia O. tabulariae Y. XLI. 2. fori O. forum X. horum Y. XLI. 11. usus O. usu Y. XLI. 13. obscuriorque O. obscurior Y.

An allen diesen Stellen scheint Nachlässigkeit, nicht Absicht vorzuliegen. Absichtlich dagegen sind folgende Stellen in Y geändert: V. 2. moderati O. modesti Y. IX. 5. deinceps O. deinde Y. X. 28. confugere O. consurgere Y. XII. 10. et malis O. et ex malis Y. XV. 16. concentu O. contentus Y. (concentus X). XVII. 29. vocetis O. vocitetis. Y. XIX. 11. laudabat O. laudi dabatur Y. XX. 8. aversatur O. adversatur Y. XXI. 17. reiculae O. illae Y. (regulae X.) XXII. 5. oratores aetatis eiusdem O. eiusdem aetatis oratores. XXII. 8. iam senior O. senior iam. Y. XXIV. 13. tantum O. in tantum Y. XXIX. 5. et virides O. et vires Y. XXX. 2. artis ingenuae O. ingenuae artis Y. XXXI. 7. haec enim est. O. haec est enim Y. XXXI. 38. haec scientia O. haec quoque scientia Y. XXXVII. 14. accedebat C. accedat. Y. XXXVII. 36. et acriores O. eo acriores. Y. XXXVIII. 19. maxima O. maximi Y. XXXVIII. 20. omnia depacaverat O. omnia alia pacaverat Y.

Dagegen bringt Y sechzigmal die bessere Lesart: II. 15. omni O. cum X. V. 6. Saleium O.- Salerium A. Salerium B. V. 15. necessitudines O. necessitates X. V. 26. perfugio O. profugio X. VI. 2. iocunditas O. iocunditatis X. VI. 18. quemcunque O. quandocunque X. VI. 18. induerit O. indueret X. VII. 16. nomina O. non X. IX. 8. Saleium O. Caelium A. Coelium B. (vgl. V. 6). IX. 22. pracepta O. percepta X. X. 3. sequitur. O. insequitur. X. X. 17. elegorum O. elegiorum X. XII. 7. haec O. hoc X. XII. 15. ullis. O. ullus X. XIII. 4. consulatus O. coetus B. cent' A. XVII. 16. centum et viginti O. centum et decem X. XVIII. 25. Brutum autem O. Brutum quidem autem X. XIX. 24. vi O. vi om. X. XIX. 24. et legibus O. aut legibus X. XIX. 25. expectandum O. expectantem X. XX. 5. dicentem. O. dicentes. X. XX. 14. non solum O. nec solum X. (vgl. XXI. 38. XXXII. 16.) XX. 19. exigitur. O. exigetur Y. exercitur A exercetur B. XXI 22. eloquentia iam O. eloquentiam Y. eloquentia X. XXI 20. quia O. qui X. XXI. 38. non O. nec X. XXII. 20. supellectili O. supellectile X. XX. 22. ut aspicere. O. et aspicere X. XXXIII. 1. verrinum O. vetrinum X. XXIV. 10. veteribus O. vestris Y. nostris X. XXIV. 13. recesserimus O. recessimus X. XXV. 4. constaret O. constat X. (vgl. XVII. 18. XVIII. 22). XXVI. 8. actores O. auctores X. XXVI. 24. velut O. vult X. XXVI. 25. incusato O. incurato X. XXVII. 2. hoc O. haec X. XXVII. 11. et cum O. et om. X. XXVIII. 1. et O. qui X. XXVIII. 15. educabatur O. educabitur. X. XXVIII. 15. erat O.

3 *

erit **X**. XXVIII. 27. militarem rem O. rem om **X**. XXIX. 14. iuvenies O. iuvenires **X**. **XXXI**. 1. hoc O. haec **X**. XXXI. 10. haec ipsa O. ipsa om **X**. XXXL 13. in vitiis O. in om. **X**. XXXI. 16. ad O. et **X**. XXXI. 22. orationem O. omnem orationem X. XXXI. 27. permovendos O. promovendos **X**. XXXII. 10. isse ut O. isse et ut **X**. XXXII. 16. non teneant O. nec teneant **X**. XXXII. 14. arbitror O. arbitratur **X**. XXXIII. 7. quod O. quid **X**. XXXIII. 10. scientia O. inscientia **X**. XXXIII. 22. perceperis O. percipis **X**. XXXV. 15. quidem etsi O. quid etsi **X**. XXXV. 17. per fidem O. perfidie **X**. XXXVII. 11. Metellos et O. Metellos sed et **X**. XXXVII. 20. habendus O. habendus est **X**. XXXVIII. 12. aliorum O. aliquorum **X**. XXXIX. 2. videatur O. videar **X**.

Wie man fieht, beruhen die meiſten Abweichungen in X auf Flüchtigkeit oder darauf, daß ein Compendium nicht richtig aufgelöſt wurde; in ſehr wenigen Fällen aber wird man X einer abſichtlichen Änderung überführen können.

Der Schreiber von Y hat es alſo beſſer, als der von X verſtanden, die Compendien aufzulöſen, hat auch mit größerer Sorgfalt und größerem Verſtändnis abgeſchrieben, dabei aber nicht ſelten abſichtlich geändert. X dagegen hat wohl zuweilen nachläſſig und flüchtig abgeſchrieben, zuweilen auch, da ihm das rechte Verſtändnis fehlte, Verſehen gemacht, aber ſelten oder nie abſichtlich geändert, ſondern iſt O faſt ſklaviſch gefolgt. X iſt daher ein glaubwürdigerer Zenge für O als Y.

CPSIA information can be obtained
at www.ICGtesting.com
Printed in the USA
LVHW081452211118
597922LV00010B/777/P